BEI GRIN MACHT SICH IHR WISSEN BEZAHLT

- Wir veröffentlichen Ihre Hausarbeit, Bachelor- und Masterarbeit

- Ihr eigenes eBook und Buch - weltweit in allen wichtigen Shops

- Verdienen Sie an jedem Verkauf

Jetzt bei www.GRIN.com hochladen und kostenlos publizieren

Anja Thonig

Social Media Marketing in Kulturunternehmen

GRIN Verlag

Bibliografische Information der Deutschen Nationalbibliothek:

Die Deutsche Bibliothek verzeichnet diese Publikation in der Deutschen National-
bibliografie; detaillierte bibliografische Daten sind im Internet über http://dnb.d-
nb.de/ abrufbar.

Impressum:

Copyright © 2012 GRIN Verlag GmbH
Druck und Bindung: Books on Demand GmbH, Norderstedt Germany
ISBN: 978-3-656-55319-9

Dieses Buch bei GRIN:

http://www.grin.com/de/e-book/265664/social-media-marketing-in-kulturunterneh-
men

Titel der Veranstaltung: Marketing Management in Kultur und Medien

Datum der Veranstaltung: 20.01.2012

Hausarbeit

Im Fernstudiengang „Kultur- und Medienmanagement"

Am Institut KMM Hamburg

Thema

Social Media Marketing und dessen Einsatz in Kulturunternehmen

Vorgelegt von: Anja Thonig

Bachelor 3. Semester

Inhaltsverzeichnis

1. Einleitung

In den vergangenen Jahren hat sich die Kommunikationsform im World Wide Web gewandelt. Weg vom bloßen Informationsmedium hin zum interaktiven Web, weg vom Nutzer als Rezipient hin zum Nutzer als aktiver Produzent. Der Wandel im Web2.0 bringt neue Kommunikation-, Präsentations- und Vertriebswege mit sich. Vor allem im Bereich der Kulturindustrie werden so die etablierten „Gatekeeper" umgangen. Die Vertriebswege für Kulturprodukte bleiben in der Hand der Produzenten und der wichtigste Faktor für den Bereich der Kultur, die Kreativität, steht im Vordergrund für den Erfolg.[1]

In der folgenden Arbeit wird ein kurzer Einblick in die Möglichkeiten des Social Media Marketings für Kulturunternehmen gegeben. Dafür werden zunächst die wichtigsten Begrifflichkeiten erläutert und anschließend am Beispiel des Vertriebskanals „Facebook" die Möglichkeiten des Einsatzes aufgezeigt, welche jedoch aufgrund der Kürze der Arbeit nicht an einem konkreten Beispiel erläutert werden.

2. Begriffsdefinitionen

2.1. Social Media

Social Media oder auch soziale Netzwerke gehören heutzutage zu den meist genutzten Begrifflichkeiten im Bereich Marketing- und Kommunikation.[2] Was sich genau dahinter verbirgt, bleibt oftmals unklar, da in der Literatur mehrere Definitionen zu finden sind. Eine gesamtheitliche Definition liefert die Fachgruppe Social Media des Bundesverbandes Digitale Wirtschaft: „Social Media sind eine Vielfalt digitaler Medien und Technologien, die es Nutzern ermöglichen, sich untereinander auszutauschen und mediale Inhalte einzeln oder in der Gemeinschaft zu gestalten. Die Interaktion umfasst den gegenseitigen Austausch von Informationen, Meinungen, Eindrücken und Erfahrungen sowie das Mitwirken an der Erstellung von Inhalten. Die Nutzer nehmen durch Kommentare, Bewertungen und Empfehlungen aktiv auf die Inhalte Bezug und bauen auf diese Weise eine soziale

---

[1] Vgl. Scheurer, Spiller (2010), S. 9
[2] Vgl. Hillmann (2011), S. 97

3

Beziehung untereinander auf. Die Grenze zwischen Produzent und Konsument verschwimmt. Diese Faktoren unterscheiden Social Media von den traditionellen Massenmedien. Als Kommunikationsmittel setzt Social Media einzeln oder in Kombination auf Text, Bild, Audio und Video und kann plattformunabhängig stattfinden."[3] Auf kommunikativer Ebene erweitern vor allem die sozialen Netzwerke die zwischenmenschliche Interaktion. Sie erweitern oder ergänzen bisherige Kommunikationsstrukturen und lassen einen neuen weltweiten kommunikativen Raum entstehen. So erhält man durch die zahlreichen Netzwerke Kontakt zu Menschen, denen man sonst nie begegnet wäre. Diverse Blogs und Foren sprechen Themen an, die sonst nur in Nischen vorkamen.[4] Es wird schnell deutlich, dass die Interaktivität eines der Hauptcharakteristika sozialer Netzwerke ist. Zum einen bezieht sich der interaktive Umgang auf das Kommunikationsmittel an sich. So fungiert zum Beispiel die Website als interagierender Partner, welcher dem Nutzer, durch die Wahl bestimmter Menüpunkte oder Steuerungselemente, erlaubt die Interaktion zu lenken. Zum anderen findet auch Interaktion zwischen Mensch und Mensch statt. Skype, ICQ oder der Facebook- Chat erlauben es den Nutzern miteinander zu agieren, sich Texte, Videos oder Bilder zuzuschicken oder auch via Kamera Video- Telefonie zu betreiben. Ein weiteres wichtiges Merkmal der Social Media ist die Vernetzung. Jeder Nutzer kann seine Meinungsäußerungen einem größeren Kreis an Personen zur Verfügung stellen, als in der „realen" Welt. Auf unternehmerischer Ebene bedeutet dies, dass die Kommunikation eines Kunden mit dem Unternehmen über das Produkt meist nicht auf wenige Gesprächspartner begrenzt bleibt, sondern Teil der Öffentlichkeit wird. So gibt es mittlerweile auch Konsumentenportale wie ciao.de, in denen verschiedenste Meinungen über verschiedene Produkte der Öffentlichkeit zugänglich gemacht werden. Dadurch kommt es schließlich zu einer Vernetzung vieler Informationen zu einem Informationsobjekt. Wie oben schon angedeutet ist Social Media multimedial aufgestellt. Zu dem traditionellen Medium Text kommen nun Ton, Bilder und Videos hinzu. Es werden so gleichzeitig mehrere Sinnesorgane angesprochen. So werden die Botschaften intensiver aufgenommen und können durch die Nutzer besser verarbeitet werden. Um aber eine Überreizung zu vermeiden, sollten die verschiedenen Medien bestmöglich aufeinander abgestimmt werden. Vor allem auch durch die Vielzahl an

---

[3] Vgl. Hillmann (2011), S. 97
[4] Vgl. Kilian/Langner (2010), S. 19

eingesetzten Medien verlangt der Nutzer immer stärker nach Individualisierung. Es soll auf deren individuelle Wünsche und Bedürfnisse eingegangen werden.[5] So erscheinen einem Facebook- Nutzer zum Beispiel auf sein Profil und seine angegebenen Interessen hin abgestimmte Werbeanzeigen und Googlemail lässt seinen Nutzern auf sein Mailverhalten hin sortierte News und Anzeigen zukommen. Ähnlich hierzu ist die verhaltensbasierte Kommunikation über Social Media. Dabei wird dem Nutzer zum Beispiel beim Aufrufen einer bestimmten Website thematisch passende Werbung eingeblendet, sogenanntes Targeting.[6] Ein weiteres Merkmal der Social Media- Kommunikation ist die räumliche und zeitliche Unabhängigkeit und Nichtlinearität. Die Websiten oder Online- Shops sind für 24 Stunden täglich erreichbar, insofern man einen Internetzugang besitzt. Durch die Verlinkungen auf andere Seiten und Informationen weicht die Darstellung im Web stark von der Linearität klassischer Medien ab. Durch all die aufgeführten Merkmale wird deutlich, dass kaum ein anderes Medium über diese Kombination kommunikationsrelevanter Eigenschaften verfügt wie das Internet. Die klassische Push- Kommunikation wird immer mehr durch die Pull- Kommunikation abgelöst. Der einzelne Nutzer entscheidet zumeist selbst wann und wie er kommunizieren möchte. Durch eine Suchanfrage bei Google oder das Abo eines Newsletters.[7]

2.1.1.   *Die wichtigsten Social Media Anwendungen*

Zunächst waren sogenannte „Blogs" als reine Online- Tagebücher zu verstehen. Mittlerweile hat sich diese Anwendung zu einem journalistischen bzw. literarischen Medium entwickelt. MySpace, Facebook oder Xing sind heutzutage jedem ein Begriff und zählen zu den sogenannten „Social Networks". Bei diesen Plattformen stehen der Austausch und die Pflege von Kontakten im Vordergrund. Charakteristisch sind hier die Profilseiten, die die User sich anlegen und mit Videos, Bildern, Musik oder Kurznachrichten gestalten können. Eine andere Art von Plattformen sind die „File-Share-Communities". Diese leben von dem Einstellen und Kommentieren von Mediadaten, wie Fotos oder Videos. Die wichtigsten dieser Communities sind Flickr oder Youtube. „Knowledge-Communities", wie die

---

[5] Vgl. Kilian/Langner (2010), S. 20ff
[6] Ebd. S. 22
[7] Ebd. S. 24

5

bekannte Wissensplattform Wikipedia, zeichnen sich aus, indem alle Beiträge von Nutzern erstellt, verändert, korrigiert oder weiterentwickelt werden können. Der Austausch von spezifischem Wissen über Produkte oder Dienstleistungen erfolgt über sogenannte „Consumer-Communities". Auf Seiten wie Ciao haben die Nutzer die Möglichkeit ihre Erfahrungen mit Unternehmen oder Produkten zu beschreiben.[8]

2.1.2. *Social Media Marketing*

Im Vergleich zu klassischen Marketingbegrifflichkeiten ist auch das Social Media Marketing als ein geordneter und managementorientierter Begriff zu verstehen.[9] Diese immer wichtiger werdende Strömung des Onlinemarketings beschäftigt sich mit allen Instrumenten des „Web. 2.0", welches sich vor allem über den geschaffenen Rückkanal für den Informationsempfänger auszeichnet.[10] „Social Media Marketing ist ein Prozess, der es Menschen ermöglicht, für ihre Websites, Produkte und Services in sozialen Netzwerken zu werben und eine breite Community anzusprechen, die über traditionelle Werbekanäle nicht zu erreichen wäre."[11] Der Werbende nimmt dabei eine passive Rolle des Beobachters ein, mit dem Ziel einen Meinungsaustausch im richtigen Moment positiv zu beeinflussen. Durch Mundpropaganda verbreiten sich dann diese Informationen. Dieser Teil des Empfehlungsmarketings ist ein wesentlicher Bestandteil des Social Media Marketings.[12] Entscheidend ist die richtige Wahl der passenden Social Media Plattformen und Instrumente für das eigene Unternehmen. Ebenso unerlässlich ist eine anschließende Controllingphase mit erneuter Situationsanalyse. Diese Analyse ist entscheidend für das weitere Verfahren, da vor allem bei Sozialen Medien die Systemzeit sehr kurz und schnelllebig ist.[13]

---

[8] Vgl. Kilian/Langner (2010), S. 133
[9] Vgl. Ceyp/Scupin (2011), S. 13
[10] Vgl. Gentischer (2012), S. 80
[11] Vgl. Henner- Fehr (2011), S. 183
[12] Vgl. Gentischer (2012), S. 81
[13] Vgl. Ceyp/Scupin (2011), S. 14

2.2. Kulturmarketing

„Kulturmarketing in öffentlichen Kulturbetrieben ist die Kunst, jene Marktsegmente bzw. Zielgruppen zu erreichen, die aussichtsreich für das Kulturprodukt interessiert werden können,…und um die mit der allgemeinen Zielsetzung des Kulturbetriebs in Einklang stehenden Ziele zu erreichen."[14] Erfolgreiche Kulturmarketingstrategien müssen nach sich ständig wandelnde Markt- und Umweltbedingungen ausgerichtet sein, um auch zeitnah reagieren zu können. Eine wesentliche Rolle spielen hierbei die Faktoren der demographischen, soziokulturellen, wirtschaftlichen und technologischen Entwicklung.[15] So ist es die Aufgabe des Kulturmarketings die Austauschprozesse zwischen Kulturinstitution und ihren Interessengruppen zu erklären und Hinweise zur Gestaltung dieses Austausches abzuleiten.[16]

Für Kulturunternehmen ist es, aufgrund stärkerer Kürzung der Mittel und Zunahme an Konkurrenten, immer wichtiger geworden auf marketingpolitische Instrumente zurückzugreifen. Zum einen können Kulturunternehmen auf strategische Marketingplanung zurückgreifen. Hierbei muss es eine klare Zielsetzung geben um eine eindeutige Positionierung auf den Markt zu gewährleisten. So erlangt das eigene Profil der Institution immer mehr an Bedeutung und kann sich letztlich stärker von seiner Konkurrenz abheben. Die dabei verwendete Strategie sollte sich immer an den Erfolgsfaktoren des kulturellen Markts orientieren. Dazu zählen unter anderem die Steigerung der Besucherzahl, Steigerung des Bekanntheitsgrades national oder international, die Anerkennung der Institution in der Fachwelt oder die generelle Präsenz der Kultur in der Fachwelt. Eine andere Methode ist das operative Marketing. Dazu gehört der Einsatz eines Marketing- Mix und der Marktforschung. Im Hinblick auf Produkt- oder Servicepolitik können die Institutionen ihr kulturelles Gut nicht beliebig auf die Nachfrage anpassen, da sie eben auch einen Bildungsauftrag wahrnehmen müssen. Umso wichtiger erscheint es Maßnahmen zu ergreifen um den Wünschen und Bedürfnissen der Nachfrager nachzugehen. Dazu zählen Sonderausstellungen oder sonstige Einführungsveranstaltungen. Im Bereich der Kommunikationspolitik sind klassische Werbemaßnahmen und Öffentlichkeitsarbeit unabdinglich. Der Aufbau einer eignen individuellen Corporate Identity ist ein wichtiger Schritt im Aufbau einer eigenständigen Marke. Weiterhin

---

[14] Vgl. Klein (2001), S. 40
[15] Vgl. Gentischer (2012), S. 121ff
[16] Vgl. De Teffé (2011), S. 175

müssen im Rahmen der Distributionspolitik verschiedene Kanäle festgelegt werden um den Nachfragern den Zugang zur Institution zu schaffen. Hierzu zählen beispielsweise festgesetzte Öffnungs- und Aufführungszeiten oder ein Ticketverkauf im Internet. Das Instrument der Marktforschung bietet sich vor allem im Bereich des Konsumentenverhaltens an. Besucherumfragen gehören daher zu jedem Kulturmarketing dazu. All diese aufgeführten Faktoren verdeutlichen, dass Marketing im kulturellen Sektor ein systematisches Vorgehen verlangt um die festgesetzten Ziele zu erreichen und vor allem um die Wirksamkeit des Kulturauftrags zu maximieren.[17]

3. Social Media Marketing in Kulturunternehmen

Im Zusammenhang mit dem Begriff des „Kulturmarketings" stellt vor allem das Social Media Marketing die Kultureinrichtungen vor neue Herausforderungen. Es sei trotzdem zu betonen, „dass ein vernünftiges, strategisch orientiertes Offline-Marketing unerlässlich ist"[18]. Die Nutzung des Social Media Marketings macht es den Institutionen möglich neue und breitere Nutzergruppen anzusprechen, welche über traditionelle Werbekanäle nicht zu erreichen gewesen wären. Schaut man in die ARD/ ZDF- Online Studie 2010 wird deutlich, dass je jünger die Menschen, umso stärker ist die Internetnutzung. Im Umkehrschluss nutzen ältere Menschen das Internet wesentlich geringer. So liegt die Nutzung bei den über 70jährigen bei 14% und bei den unter 30jährigen bei nahezu 100%.[19] Es wird deutlich, dass die Präsenz von Kultureinrichtungen immer wichtiger wird und werden muss. Wer heute die Generation Internet erreicht und an sich bindet, kann dies auch in 20 Jahren noch und erhält sich so sein Publikum.

3.1. Social Media Anwendungen für Kulturunternehmen

Social Media Marketing ist, wie schon erläutert, unglaublich vielseitig nutzbar und bietet zahlreiche verschiedene Möglichkeiten sich zu präsentieren um den Bekanntheitsgrad zu vergrößern. Gerade aus diesem Grund sollte jedes

---

[17] Vgl. De Teffé (2011), S. 177ff
[18] Vgl. Klein (2011), S. 165
[19] Ebd. S. 166ff

Kulturunternehmen gründlich auswählen auf welchen Kanälen es kommunizieren will. Nicht jeder Kanal ist für jede Einrichtung geeignet. Ein „Blog" lässt sich vor allem neben oder sogar anstelle einer Homepage einsetzen. Es besteht so eine kostengünstige und direkte Art in die Öffentlichkeit zu treten, das Profil der Einrichtung zu schärfen, neue Zielgruppen zu erreichen und den Bekanntheitsgrad zu erhöhen. Es können Mitschnitte von Theaterstücken, Interviews oder Fotos eingebunden werden und, im Gegensatz zu einer klassischen Homepage, besteht die Möglichkeit einen direkten Austausch mit und zwischen den Nutzern herzustellen. Die Audio- oder Videobeiträge können auch alternativ in einen „Podcast" gepackt werden. Auch bei diesem Medium besteht ein gegenseitiger Austausch und kann über einen sogenannten RSS- Feed abonniert werden. So bleibt der Nutzer immer automatisch auf dem neusten Stand.[20] Hierbei liegt die Hauptaufgabe in einer regelmäßigen Überarbeitung und Pflege. Nur eine permanente Präsenz bleibt interessant und weckt das Interesse. Ein ebenso effektives Medium ist „Twitter". Hier können sich schnell und einfach Informationen über Ausstellungen, Vorstellungen oder sonstige Neuigkeiten verbreiten. „Am meisten profitieren Sie aber, wenn Sie auch persönliche Statements bringen und den Rückkanal ernst nehmen."[21] Auch hier ist eine permanente Pflege und Aktualisierung unerlässlich. An diesem Punkt wird auch deutlich, dass eine eigene Stelle als Social Media Betreuer geschaffen werden sollte, insofern man diesen Bereich ernsthaft und gewissenhaft verfolgen möchte. Für Social Media Marketing zählt vor allem: ganz oder gar nicht. Darüber sollte sich jede Kultureinrichtung zunächst bewusst werden. Eine weiter Nutzungsform sind die Video- bzw. Fotoplattformen. Die Bekannteste ist „Youtube". Im Bereich der Kultur lassen sich so Einblicke in Ihre Arbeit und hinter die Kulissen geben. Durch dieses Medium haben Kulturunternehmen verstärkt die Möglichkeit einer schnellen Verbreitung und einen Austausch zwischen Besuchern und Homepage zu fördern. Im Bereich der Social Networks ist zu der Erstellung einer sogenannten Fanseite zu raten. Dies ist mit wenigen Klicks zu machen und ist gegenüber der jungen Zielgruppe meist unerlässlich. Vor allem junge Menschen verbringen sehr viel Zeit in den Communities, wie Facebook zum Beispiel. Dort lassen sie sich in einfach in Themen über das Kulturunternehmen einbinden und erhalten Veranstaltungshinweise. Um eine Kultureinrichtung angemessen zu

---

[20] Kulturmanagement Nr. 33 (2009), S. 18f
[21] Ebd. S. 19

präsentieren, besteht, neben der Homepage, die Möglichkeit ein sogenanntes „Wiki"
zu nutzen. Wikipedia sei hier exemplarisch zu benennen. Dort lässt sich die
Einrichtung nach ihren Wünschen präsentieren. Mit eigenen Texten und Bilder. An
dieser Stelle sollte der Eintrag aber unter regelmäßiger Beobachtung stehen, da
andere User die Einträge jederzeit bearbeiten können.

3.1.1. *Facebook- Marketing für Kulturunternehmen*

Entscheidet sich ein Kulturunternehmen für Facebook als Marketinginstrument gilt
das Prinzip der Effektivität an oberster Stelle. Nichts ist „tödlicher" als uneffektive
Verschwendung der Ressourcen. So muss den Betreibern vor allem bewusst werden,
dass es sehr viel Zeit kostet um eine „Präsenz auf Facebook zu pflegen, zu
kontrollieren und sich gute Kommunikationsbausteine zu überlegen"[22]. Betrachtet
man die Chancen, die Kulturveranstalter dabei haben, wird deutlich, dass es sich
heutzutage auch für kleine Institutionen lohnt Facebook zu nutzen. Zum einen leben
Kulturunternehmen zumeist von Mundpropaganda. „Ihre Besucher und Freunde sind
Ihre besten Fürsprecher"[23]. Und immer mehr Menschen kommunizieren mittlerweile
zunehmend über Facebook. An diesem Punkt besteht die große Chance sich in das
Gespräch einzubinden und an dem Dialog teilzunehmen. So erreicht man vor allem
die junge Zielgruppe und hat so die Chance diese jungen zukünftigen Menschen in
klassische Konzerte und Ausstellungen zu ziehen. Denn diese Zielgruppe sind die
zukünftigen zahlenden Besucher. Daraus ergibt sich die dritte große Chance des
Facebook Marketing. Es wird die Reichweite der Besucher ausgebaut.
Kulturunternehmen haben die Möglichkeit neue und wesentlich mehr Besucher in
die Institution zu locken.[24]

3.1.1.1. *Der Facebookauftritt*

„Eine Fanseite ist die Basis für einen Auftritt eines Veranstalters auf Facebook"[25]. Im
Folgenden wird nur ein kleiner Umriss der Möglichkeiten gegeben, die Facebook zu
bieten hat. Die Fanseite ist das offizielle und kostenlose Instrument für eine

---

[22] Leitfaden Facebook Marketing für Kulturbetriebe (03/2011), S. 3
[23] Ebd. S. 3
[24] Ebd. S. 3f
[25] Ebd. S. 5

Unternehmenspräsentation. Sie ermöglicht den Kulturunternehmen mit den Fans zu kommunizieren und in einen Dialog zu treten. Wichtig sind hierbei das Profilbild des Unternehmens, die Informationen und eine Willkommensseite. Als Profilbild wählt man am besten das Logo um sofort Assoziationen zu wecken. Eine Willkommensseite wirkt nach außen sehr offiziell und einladend. Detaillierte Informationen helfen den Fans sich mit Ihnen zu vernetzen. Dafür sind Angaben wie Telefonnummer, Email- Adresse, Ansprechpartner oder Anfahrtsweg unerlässlich. Aber wie nun die Fans generieren? Zunächst ist für ein Grundstock zu sorgen. Dazu sollte man vor allem eigenen Freunde und Mitarbeiter auf die Seite hinweisen. Werden diese dann Fans der Seite, wird dies automatisch in dem jeweiligen Newsfeed angezeigt und nun haben auch die Freunde der Freunde die Möglichkeit auf die Seite aufmerksam zu werden. Im nächsten Schritt ist es wichtig in regelmäßigem Abstand Inhalte und Kommentare zu posten, die interessant genug sind um „geliked" und weitergeleitet zu werden. Die Fans wiederum haben ebenfalls die Möglichkeit auf die Posts zu reagieren und diese zu kommentieren. Wichtig hierbei ist, dass auch negative Kommentare ihre Berechtigung haben. Diese zu löschen wirkt sich meist negativ auf ihre Präsentation aus. Besser ist es zu reagieren und gegebenenfalls die Behauptungen richtig zu stellen.[26] Hier gilt das oberste Prinzip der Facebook- Kommunikation, der Dialog. Das einseitige Kommunikationsverhältnis der Website wird hier aufgebrochen. Wichtig dabei ist eine genaue Planung. Welche Themen sind interessant und welche thematischen Inhalte kann die Kultureinrichtung bieten? Es sollte die Qualität und nicht die Quantität im Vordergrund stehen. Dafür ist es dienlich einen Kommunikationsplan zu entwerfen und trotzdem auf die Fans zu reagieren. Interessante Themen im Bereich der Kultur sind hierbei zum Beispiel Backstage Impressionen, Videos von Proben oder Aufführungen, Konzertmitschnitte oder Hintergrundinformationen zu den Ausstellungen.[27]

„Je nach Budget sollte die Seite zusätzlich beworben werden, um eine Fanbasis aufzubauen, vor allem in der Anfangsphase."[28] Dafür gibt es die sogenannten „Ads", die in der rechten Spalte jedes Profils angezeigt werden.

Zusammenfassend lässt sich sagen, dass ein Facebookauftritt den Kultureinrichtungen eine unvergleichbare Chance bietet eine jüngere Zielgruppe an

---

[26] Leitfaden Facebook Marketing für Kulturbetriebe (03/2011), S. 10
[27] Ebd. S. 13f
[28] Ebd. S. 12

die Institution zu binden. Denn aus den Fans auf Facebook werden Besucher des Unternehmens. Außerdem ist Facebook eine einfache und vor allem kostengünstige Plattform um Mundpropaganda zu ermöglichen. Denn egal ob online oder offline, dies ist die beste Werbung für jedes Kulturunternehmen.[29]

4. *Fazit*

Zusammenfassend lässt sich sagen, dass es Ziel jedes Kulturunternehmens sein sollte die Instrumente des Social Media Marketings in das bestehende Marketingkonzept einzubauen. Bei den Besuchern und zukünftigen Gästen findet immer mehr ein Wertewandel statt. Sie wollen auf eine offene und ehrliche Weise angesprochen werden, sie wollen, dass man ihnen zuhört und vor allem wollen sie mitreden.

Bei der Benutzung des Social Media Marketings steht eine stringente konsequente Planung und Umsetzung im Vordergrund. Kann ein Kulturunternehmen dies nicht gewährleisten, so verzichtet man bestenfalls vollkommen auf den Einsatz. Vor allem beim Instrument „Facebook" ist der halbherzige Einsatz eher imageschädigend. Wird dieses Medium jedoch wie empfohlen eingesetzt, ist es eine schnelle, kostengünstige und effiziente Möglichkeit neue Besucher und Zielgruppen zu generieren.

---

[29] Leitfaden Facebook Marketing für Kulturbetriebe (03/2011), S. 26

5. *Literaturverzeichnis*

1. Kilian, Thomas/ Langner, Sascha (2010): Online Kommunikation. Kunden zielsicher verführen und beeinflussen. Wiesbaden (1.Auflage)

2. Hillmann, Mirco (2011): Unternehmenskommunikation kompakt. Das 1x1 für Profis. Saarbrücken. Wiesbaden (1. Auflage)

3. Ceyp, Michael H./ Scupin, Juhn-Petter (2011): Social Media Marketing – ein neues Marketing- Paradigma?. In: Deutscher Dialogmarketing Verband e.V. (Hrsg.): Dialogmarketing Perspektiven. Tagungsband 5. Wissenschaftlicher interdisziplinärer Kongress für Dialogmarketing. Wiesbaden (1. Auflage).

4. Gentischer, Martin (2012): Museumsmarketing. Fallstudie am Beispiel des Stuttgarter Stadtmuseums. Wiesbaden.

5. Henner- Fehr, Christian (2011): Social- Media- Marketing: Vom Monolog zum Dialog. In: Klein, A. (Hrsg.): Taten. Drang. Kultur. Wiesbaden

6. Heinrichs, Werner/ Klein, Armin (2001): Kulturmanagement von A bis Z. München

7. De Teffé, Carola (2011): Kulturmarketing. In: Lewinski- Reuter, Verena/ Luddemann, Stefan: Glossar Kulturmanagement. Wiesbaden (1. Auflage)

8. Klein, Armin (2011): Taten, Drang, Kultur. Wiesbaden

9. Scheuer, Hans/ Spiller, Ralf (2010): Kultur 2.0: Neue Webstrategien für das Kulturmanagement im Zeitalter von Social Media. Bielefeld

Weblinks

10. www.kulturmanagement.de: Das Monatsmagazin von Kulturmanagement Network. Nr. 33, Juli 2009. Schwerpunkt Web 2.0 (ISSN 1610-2371)

11. www. kulturkurier.de: Leitfaden Facebook – Marketing für Kulturveranstalter (03/2011)